El mensaje secreto

Este libro es de...

Nombre ....

Apellido(s) ....

Dirección ....

....

País ....

Editorial Edinumen

Índice:

El mensaje secreto

Valentina de Antonio Domínguez

Editorial Edinumen

ISBN Lectura: 978-84-95986-11-6
ISBN Lectura con CD: 978-84-9848-339-0
Depósito Legal: M-8184-2011
Impreso en España
Printed in Spain

1ª edición: 2002
2ª impresión: 2006
3ª impresión: 2011

Coordinación colección:
Pedro Tena Tena

Ilustraciones:
Miguel Alcón

Color ilustraciones:
Jimena Gallo

Diseño y maquetación:
Juanjo López y Sara Serrano

Impresión:
Gráficas Glodami. Coslada (Madrid)

Editorial Edinumen
José Celestino Mutis, 4. 28028 - Madrid
Tfs.: 91 308 51 42
Fax: 91 319 93 09
e-mail: edinumen@edinumen.es
www.edinumen.es

Actividades: antes de la lectura

Rafael es un niño que quiere ir al mar todos los veranos, pero a sus padres solo les gusta viajar a su pueblo. El mensaje secreto es un cuento de aventuras. En esta historia Rafael descubrirá que la ciudad es interesante también en vacaciones. Palabras extrañas, perros y ladrones crearán un misterio muy difícil. Rafael querrá conocer la respuesta a situaciones raras. ¿Sus deseos tendrán un final positivo? El secreto está en la magia de las palabras, pero tú también puedes ayudar. ¿Te gustaría colaborar con Rafael?

1. **Rafael** es un niño que sabe leer **mensajes secretos**. ¿Y tú? Aquí puedes empezar a conocer los **misterios** de la **lengua española**. A continuación, tienes cinco **palabras** relacionadas con la historia. **Las letras no están ordenadas**. ¿Sabes escribir las **palabras** correctamente?

2. ¿Te gusta la natación? Muchas personas van a la playa para descansar y, también, para nadar, cuando están de vacaciones. Otras prefieren la montaña. A **Rafael** **le encantaría** estar en una costa, disfrutando mucho tiempo con el **mar**.

El idioma español tiene muchas **palabras** marinas. ¿Puedes escribir verdadero (V), si la **palabra** está conectada con el **mar**, o falso (F), si no tiene relación? Usa el **diccionario**.

ARENA	V ☐	F ☐
BAÑADOR	V ☐	F ☐

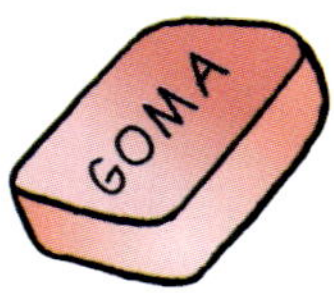

BARCO	V ☐	F ☐
BORRADOR	V ☐	F ☐
CUADERNO	V ☐	F ☐
ESTUCHE DE LAPICEROS	V ☐	F ☐
LIBRO DE EJERCICIOS	V ☐	F ☐
PIZARRA	V ☐	F ☐
PLAYA	V ☐	F ☐
TOALLA	V ☐	F ☐

3. El español es un idioma muy divertido. Uno puede disfrutar con él. A **Rafael** le gustan mucho los juegos con las letras. A continuación, te presentamos uno. ¿Qué dice este **mensaje secreto**?

A 01 · B 02 · C 03 · D 04 · E 05
F 06 · G 07 · H 08 · I 09 · J 10
K 11 · L 12 · M 13 · N 14 · Ñ 15
O 16 · P 17 · Q 18 · R 19 · S 20 · T 21
U 22 · V 23 · W 24 · X 25 · Y 26 · Z 27

E								
05	20		17	16	20	09	02	12	05

23 09 23 09 19 · 07 19 01 14 04 05 20

01 23 05 14 21 22 19 01 20

12 05 10 16 20 · 04 05 12 · 13 01 19

Capítulo primero.
Vacaciones en Madrid

El verano iba a llegar muy pronto. El interminable verano de cada año se acercaba poco a poco y las vacaciones también. En los largos meses de julio, agosto y septiembre **Rafael** esperaba vivir otro verano más, **aburrido**, en el pequeño pueblo de sus padres. Y sin amigos. **Pasaría**, de nuevo, aquellos meses sin poder ver el **mar**. Por eso no quería tener vacaciones. No le gustaban. Sí, es cierto, ¿para qué tener vacaciones si nunca iba al **mar**?

En los días de esta historia, **Madrid** era una gran ciudad que se levantaba cada mañana con atractivas imágenes en los diferentes anuncios publicitarios de las calles. Apartamentos, bañadores, hoteles, lugares exóticos, **mar** playas, **refrescos**, **regalos**.

Todo parecía un sueño maravilloso. "Ven y disfruta", decían unos mensajes grandísimos; "España, el paraíso está muy cerca", decían otros; "Compre uno y lleve dos", decían aquí; "Bebe la fruta de la vida", decían allí. Niñas y niños, jóvenes, hombres y mujeres, siempre alegres, siempre pensando en las vacaciones, caminaban con ilusión por las calles, pero también con prisa. Madrid era una gran tienda para preparar viajes con destino al mar.

Para Rafael todos deseaban ir al mar. Él también, pero era muy difícil. Cada año sus padres decidían disfrutar aquellos días en su pueblo del interior. A ellos no les gustaba el mar.

Cuando estaba en el colegio, tenía envidia de sus amigos de clase, los oía hablar de las vacaciones y a él no le apetecía contar mucho sobre cómo serían las suyas.

– Mis padres han alquilado un apartamento en Alicante.
– Nosotros estaremos en Barcelona.
– ...Y nosotros iremos a A Coruña.
– Yo visitaré Santander.

– Yo, Valencia. ¿Y tú?

– Yo, el pueblo de mis padres –decía Rafael.

– ¿Y dónde está? ¿Tiene una playa bonita? –preguntaban ellos.

– No. Bueno,... hay un río cerca.

– ¡Qué aburrimiento!

Entonces regresaba a casa con esas palabras en su mente. ABURRIMIENTO. A - BU - RRI - MIEN - TO. Y en cada paso que daba las oía una vez y otra y otra... A - BU - RRI - MIEN - TO. Eran malos tiempos para hacer planes. Solo era bueno imaginar y jugar más.

A Rafael le encantaba imaginar. Soñaba con el mar, lo imaginaba, lo buscaba y lo encontraba en cada instante. En casa, muchas veces, disfrutaba leyendo folletos de información turística, con sus fantásticos hoteles, con sus fotos de playa. En el colegio le maravillaba escuchar a su profesor de Geografía y de Historia cuando hablaba de marineros antiguos que viajaban y viajaban por el Norte, por el Sur, por el Este y por el Oeste. Y le gustaba también oír cuentos de piratas que conocían a nuevos amigos en todas las partes del mundo y llegaban a islas misteriosas por mares de colores. Mar Rojo, mar Negro,… ¡Mares de colores! Las clases de Literatura eran también especiales porque su profesora leía poemas de mar. El mercado de su barrio era un exótico puerto donde llegaban cada día frutas de países desconocidos y mágicos: manzanas, limones, fresas, naranjas, melones,... El autobús y el metro eran submarinos y él era su capitán. Una y otra vez soñaba y soñaba.

Rafael solía jugar con las palabras. Era el mejor de la clase. Cuando sus amigos escribían mensajes secretos, él siempre encontraba la solución. Era un mago.

– A ver, Rafael, ¿sabes qué palabras hay aquí? –decía María–. Si las descubres, mañana te doy un premio. ¿De acuerdo? ¿Vale? Aquí están.

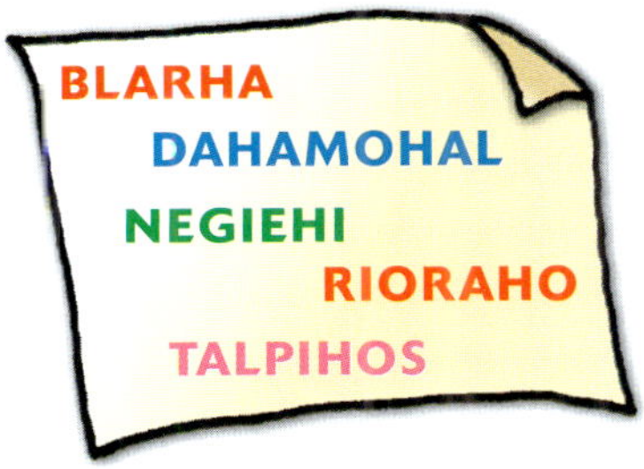

Y pronto Rafael daba la solución.

– La respuesta es ésta... Y, además, te ordeno las palabras por orden alfabético:

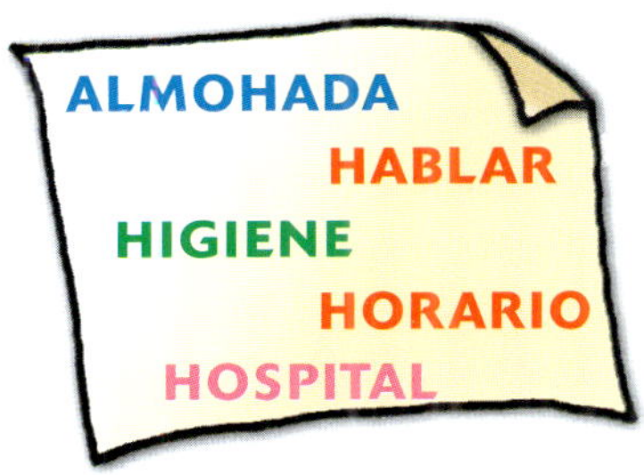

– Muy bien, pero… ¿y aquí, puedes darme la respuesta correcta? Tienes treinta segundos –**decía** Ricardo.

A 01	B 02	C 03	D 04	E 05	
F 06	G 07	H 08	I 09	J 10	
K 11	L 12	M 13	N 14	Ñ 15	
O 16	P 17	Q 18	R 19	S 20	T 21
U 22	V 23	W 24	X 25	Y 26	Z 27

E	
05	14

01	13	05	19	09	03	01

21	01	13	02	09	05	14

20	01

08	01	02	12	01

13	22	03	08	16

05	12

05	20	17	01	15	16	12

– Déjame ver... Sí, ya lo sé. Es... EN AMÉRICA TAMBIÉN SE HABLA MUCHO EL ESPAÑOL.

Perfecto... ¡veintinueve segundos! –respondía Rafael muy alegre.

Jesús también quiso participar.

– A ver, Rafael, seguro que estos ejercicios no los vas a saber. Mira, vamos,... Aquí te doy el primero: ¿qué palabra tiene más de veinte letras?

Rafael pensó y pensó. Pensó y pensó.

– ¿Es difícil, verdad? ¡Es muy complicada! –decía Jesús.

– No, no,... Es, es... ¡Abecedario! ¡Alfabeto! El abecedario español o el alfabeto español tiene más de veinte letras.

– ¡Fantástico! ¡Muy bien! Ahora aquí tienes el segundo ejercicio: tú tienes que eliminar diez letras para poder leer el nombre de una fruta. Aquí están las letras: P - S - L - E - Á - I - T - S - L - E - A - T - R - N - A - O - S.

– Mmm… –pensó Rafael–. Déjame unos segundos. Es, es… ¿Es plátano?

– ¡Increíble! –gritaron María, Ricardo y Jesús.

El mar y jugar con las palabras. Ése era el mundo de Rafael.

Capítulo segundo.

Exposición de animales

El 15 de julio Madrid se despertó con más calor. La temperatura era muy alta. Los pájaros querían volar, pero no tenían valor para salir de los lugares con sombra. Los amigos de Rafael ya se habían ido de vacaciones. Todos estarían en el mar jugando con el agua, pasando buenos momentos con otros amigos. Y él continuaba en Madrid. Las vacaciones de sus padres aún no habían comenzado. Ya faltaban pocos días. Todavía quince días más en la ciudad.

En aquellas semanas Rafael pasaba el tiempo jugando en el parque, haciendo crucigramas o sopas de letras, leyendo cuentos y viendo películas en el vídeo. A veces, iba con sus padres al cine. Por las noches los tres salían a dar un paseo. Caminaban y caminaban. Y a las nueve, volvían a casa.

LA ISLA DEL TESORO

El 20 de julio, más o menos, Rafael descubrió algo extraño. Se dio cuenta de que por las calles del barrio algunas personas habían colocado papeles que indicaban la desaparición de perros. Aquellos textos eran peticiones para encontrar a As, Bambi, Dunas, Pluto, Toby,... A muchos. En un principio, tantas solicitudes de colaboración eran muy raras. Al llegar a casa, el padre de Rafael dejó el periódico encima de una mesa. Allí, en la página treinta y siete, un periodista había dado una corta información muy especial: un hombre escapó de la policía cuando quiso robar un perro que se encontraba en la puerta del supermercado. Los papeles y aquella noticia podían tener relación.

Robo en el supermercado

Ayer, en el supermercado "Frutas y Verduras", dos policías de barrio impidieron el robo del perro del local. Grina, un carísimo animal, campeón en la exposición "Nuestros Perros - 2009", estuvo a punto de ser secuestrado por un individuo. El ladrón pudo escapar. No se conocen las razones para este acto.

¿Existiría una banda de ladrones de perros en la ciudad?

El 25 de julio era un día especial para Rafael: su cumpleaños. Como era costumbre, el día amaneció con mucho calor. Cuando Rafael se levantó, tuvo muchas sorpresas.

– ¡Felicidades, Rafael! ¡Muchas felicidades! –dijeron sus padres.

– ¡Cumpleaños feliz! ¡Cumpleaños feliz! Te deseamos todos ¡cumpleaños feliz! –cantaron sus padres.

Y a la hora de comer... refrescos, dulces, muchos dulces, y un regalo: un libro.

Aquel día se organizaba también un evento importante en el barrio: enfrente de la casa de Rafael hacían los preparativos para la famosa exposición "Nuestros Perros - 2010".

A la tarde siguiente fue la inauguración. Mucha gente de la ciudad acudió a aquella feria canina. Los mayores gozaban contemplando la variedad de razas y la hermosura de sus colores, mientras los más pequeños aplaudían y gritaban entusiasmados queriendo jugar y acariciar a aquellos animales.

Había muchos y de diferentes clases: blancos y negros, con pelo corto y con pelo largo,

pequeños y grandes, simpáticos y tímidos. Muchos, muchos. Y había muchas luces y una música alegre para animar la exposición.

"Para bailar la bamba,
para bailar la bamba
se necesita
un poquito de gracia.

Un poquito de gracia...
y otra cosita.
Allá arriba, allá arriba.

Yo no soy marinero.
Soy capitán,
soy capitán, soy capitán...".

Era muy divertido y Rafael disfrutó mucho con el espectáculo, pero su pensamiento seguía obsesionado con ver el mar. Fue en ese momento, y mientras contemplaba la exposición, cuando de pronto recordó los anuncios que había leído unos días antes sobre los robos de perros. Pensó que si había una banda que robaba estos animales, aquella muestra sería una buena oportunidad para los ladrones. Decidió abrir bien los ojos y prestar mucha atención a todo lo que ocurría a su alrededor.

A las doce de la noche la exposición cerró. Todo se apagó. La música dejó de sonar. Los animales dormían ya. La oscuridad de la noche llenó todo el lugar. La luz de la luna era el único camino para ver en aquel sitio. Desde la ventana de la habitación Rafael veía todo en calma, tranquilo. Le pareció oír un ladrido. Todavía no había un silencio total: un perro estaba despierto, ladraba. ¿Estarían ya los ladrones?, temió Rafael. El verano con sus peligros empezaba a ser interesante en la ciudad.

Actividades: con la lectura

Rafael comienza poco a poco a sentir que el verano en la ciudad también puede ser emocionante. Antes de saber si vienen los ladrones, vamos a jugar.

1. Los amigos de clase de Rafael viajarán a diferentes ciudades españolas. ¿Puedes indicar en el mapa dónde están?

A Coruña • Alicante • Barcelona, Santander • Valencia

2. Un periódico publicó una noticia sobre la casi desaparición de Grina, el perro campeón del supermercado "Frutas y Verduras". ¿Sabes decir cuáles son los nombres de frutas y verduras en este grupo de palabras? ¿Puedes luego ordenarlos alfabéticamente?

naranja ventana

libro

mesa fresa

melón manzana

pan

reloj lechuga

1. ____________ 6. ____________

2. ____________ 7. ____________

3. ____________ 8. ____________

4. ____________ 9. ____________

5. ____________ 10. ____________

3. Ahora, aquí tienes un verdadero mensaje secreto. Rafael va a querer descubrir qué dice. ¿Puedes ayudarle?

mensaje Este no es
palabras de juego un.
Es un difícil muy mensaje,
un mensaje misterio mucho
con.

....

....

....

....

....

....

4. A continuación, y antes del final de la historia, te ofrecemos otro **texto misterioso**. Es el comienzo de un **cuento tradicional** (Caperucita **Roja**); pero, ¡cuidado!, las letras están invertidas. ¿Sabes qué dice? Si tienes alguna duda, **usa** un **espejo** para reflejar en él el texto y leer la solución.

Érase una vez una hermosa
y pequeña niña. Un día le
regalaron una caperucita de
color rojo. Le gustó tanto
que desde ese momento la
usaba todos los días. Y tanto
la utilizaba que todo el
mundo, hasta su madre y su
abuelita, la empezaron a
llamar Caperucita Roja.

Capítulo tercero. El mensaje

A las tres de la madrugada Rafael estaba despierto. No podía dormir. Miraba por la ventana de su habitación. Imaginaba que algo iba a pasar. Estaba inquieto y nervioso. Se asomaba continuamente esperando ver algo que no sabía muy bien qué podía ser. De repente un coche muy grande, de color blanco, entró en la calle. Dio varias vueltas por el exterior de la exposición. Iba sin luces. Le pareció extraño. A continuación, el vehículo paró y un hombre salió. Después, muy lentamente, el individuo se acercó a la puerta principal de la feria y pasó dentro. Rafael siguió sus movimientos. Más tarde, a las tres y media, aquella persona misteriosa salió del lugar con un perro. ¡Los ladrones! –pensó. ¡Sí! ¡Eran ellos! Inmediatamente Rafael quiso despertar a sus padres, pero algo lo detuvo. De repente el individuo, que era alto, delgado y llevaba gafas

negras a pesar de la oscuridad de la noche, intentó golpear al animal, que no quería entrar en el coche. En ese momento Rafael, dominado por el miedo, no pudo evitar lanzar un grito, que alarmó al delincuente y despertó a sus padres. El ladrón se volvió y miró con gesto amenazante y con los puños en señal de pelea hacia donde estaba Rafael. En unos segundos la mirada asustada de Rafael se cruzó con el gesto de enfado del delincuente, que empujaba al animal hacia el interior del coche. Con mucha rapidez el auto escapaba después por las calles de la ciudad.

Rafael no podía moverse. El miedo no le dejaba moverse. Entonces aparecieron sus padres.

– ¡Mamá! ¡Papá! ¡Unos ladrones! –dijo Rafael temblando.

Rafael les explicó qué había sucedido. La madre cogió el teléfono y llamó a la Policía.

– ¿La Policía, por favor?

– Sí, aquí es. ¿De parte de quién?

– Mi nombre es Paula. Paula Alberti. Les llamo porque mi hijo ha visto a unos ladrones delante de mi casa. Vivo en la calle Sol y Luna, número 25.

– ¿Qué ha pasado, por favor?

– Unos ladrones se han llevado un perro de la exposición "Nuestros Perros - 2009", aquí, en el barrio Las Estrellas. Posiblemente quieren robar más.

– Bien. Tranquila. Ahora vamos. Muchas gracias. Adiós.

– ¡Vengan pronto! ¡Rápido! Adiós.

Unas horas más tarde dos hombres fueron detenidos cuando sacaban un perro de un coche blanco. A la mañana siguiente un par de policías llegaron a casa de Rafael. Los agentes fueron a dar las gracias, y dijeron que la operación había sido un éxito, pero todavía faltaba algo: los ladrones habían sido capturados y la Policía había entregado el animal a sus dueños, pero nadie sabía por qué lo habían robado. Los ladrones no querían hablar. Uno de ellos tenía un papel con un mensaje secreto. Rafael pidió permiso a sus padres para ayudar a los policías. La madre y el padre estuvieron de acuerdo con él. Los dos sabían que una de las aficiones de Rafael desde que era muy pequeño había sido jugar a descifrar mensajes.

Cuando los policías y Rafael llegaron a la comisaría, no había mucha gente. Allí estaban los ladrones. Uno era bajito, tenía una cabeza enorme, el pelo blanco y llevaba gafas; se llamaba Pepito. Al otro lo recordaba perfectamente, era mucho más alto, tenía una cabeza pequeña, el pelo canoso y bigote; se llamaba Charles. Además, llevaba las gafas negras. Por un momento Rafael recordó sus gestos violentos, su mirada fija y sintió miedo. Un policía le tranquilizó. Los delincuentes no querían hablar, preferían no decir nada. Los policías no sabían qué hacer. Le dijeron a Rafael que todo aquello era un gran misterio y que solo había una posibilidad de descubrirlo: el papel enigmático. El texto era éste:

A. B. C. D. E. F. G. H. I. J. K. L. M. N. Ñ. O. P. Q.

A. Si. B. Tenéis. C. Problemas. D. **Llamad**. F. Al.

R. S. T. U. V. W. X. Y. Z. Uno. Dos. Tres. Cuatro.

G. Número. H. De. I. Teléfono. J. Nueve. K. Uno.

Cinco. Seis. Siete. Ocho. Nueve. Diez.

L. Seis. M. Siete. N. Ocho. Ñ. Dos. O. Dos.

Primavera. Verano. Otoño. Invierno.

P. Cinco. Q. Cinco. R. Si. S. No. T. Podéis.

Lunes. Martes. Miércoles. Jueves. Viernes.

U. Llamar. V. **Venid**. W. A. X. La. Y. Calle.

Sábado. Domingo. Hola. Adiós. Enero.

Z. Carnaval. A. Cinco. B. Mucha. C. Suerte.

Febrero. Marzo. Abril. Mayo. Junio. Julio. Agosto.

D. Álvaro. E. Y. F. Pilar.

Septiembre. Octubre. Noviembre. Diciembre.

¿Qué misterio escondía el papel? Rafael miraba el mensaje. Estuvo leyendo y leyendo mucho rato. Y nada. Nada. No había solución. ¡Era muy complicado! Aquel mensaje ya no era un simple juego de palabras. Era la vida real. Y era un mensaje muy difícil, un mensaje con mucho misterio.

Fuera de la sala dos personas hablaban de dinero, de juegos y de números.

– Los números pares dan buena suerte –decía uno.

– Sí, es verdad. Los números impares no son buenos –decía otro.

Fue entonces cuando Rafael, de repente, encontró la respuesta. La solución del misterio estaba cerca.

– ¡Ya está! –dijo Rafael muy alegre.

Los ladrones, sorprendidos, le miraron nerviosos y con impaciencia.

– ¡Ya está! –dijo **Rafael**, de nuevo.

Los policías miraron a **Rafael** muy contentos.

Capítulo cuarto, y final:

Alegría de perros

El mensaje oculto fue descubierto. Rafael sintió una gran alegría. Imaginó que quizás muchos otros perros iban a ser recuperados. Enseñó el papel a los dos policías. Tenían que actuar muy rápido.

– Miren. Es muy interesante. Pares e impares. Pares y no pares. Pares y nones. Las líneas impares no dicen nada. No tienen valor, no son importantes. La solución está en las líneas pares. Ahí está el auténtico mensaje. Miren, si juntamos las líneas impares, leemos las letras del alfabeto, los números del 1 al 10, las estaciones del año, los días de la semana, un saludo y una despedida y, por último, los meses del año. Todo es un inteligente camino para perder la atención sobre el verdadero mensaje. ¿Lo ven?

– Es verdad –dijeron los dos policías.

A. B. C. D. E. F. G. H. I. J. K. L. M. N. Ñ. O. P. Q.

A. Si. B. Tenéis. C. Problemas. D. Llamad. F. Al.

R. S. T. U. V. W. X. Y. Z. Uno. Dos. Tres. Cuatro.

G. Número. H. De. I. Teléfono. J. Nueve. K. Uno.

Cinco. Seis. Siete. Ocho. Nueve. Diez.

L. Seis. M. Siete. N. Ocho. Ñ. Dos. O. Dos.

Primavera. Verano. Otoño. Invierno.

P. Cinco. Q. Cinco. R. Si. S. No. T. Podéis.

Lunes. Martes. Miércoles. Jueves. Viernes.

U. Llamar. V. Venid. W. A. X. La. Y. Calle.

Sábado. Domingo. Hola. Adiós. Enero.

Z. Carnaval. A. Cinco. B. Mucha. C. Suerte.

Febrero. Marzo. Abril. Mayo. Junio. Julio. Agosto.

D. Álvaro. E. Y. F. Pilar.

Septiembre. Octubre. Noviembre. Diciembre.

– Es verdad –dijeron otra vez–. Si nosotros unimos las líneas pares y eliminamos después las letras del alfabeto, ya sabemos qué dice el texto.

Si. Tenéis. Problemas. Llamad. Al.

Número. De. Teléfono. Nueve. Uno.

Seis. Siete. Ocho. Dos. Dos.

Cinco. Cinco. Si. No. Podéis.

Llamar. Venid. A. La. Calle.

Carnaval. Cinco. Mucha. Suerte.

Álvaro. Y. Pilar.

– ¡Muy bien, Rafael!

Efectivamente. Los jefes de los ladrones habían dado un número de teléfono y el nombre de una calle.

Si tenéis problemas, llamad al número de teléfono 91 678 22 55. Si no podéis llamar, venid a la calle Carnaval, 5. Mucha suerte.

Álvaro y Pilar.

¿Tendrían allí a los otros perros del barrio?

Rápidamente diez policías fueron a la calle Carnaval, 5. Y allí encontraron a los más importantes ladrones de perros, Álvaro y Pilar. En la casa tenían veinte perros robados. Querían venderlos y ganar mucho dinero. Fue una gran sorpresa para los dos. Los cuatro ladrones fueron a la cárcel y los perros volvieron a casa de sus dueños. La gente estaba muy contenta: los perros, los dueños, los policías, los padres de Rafael y, también, Rafael. Muchas personas de la ciudad le dieron las gracias por su ayuda y por su valor. En ese momento Rafael descubrió que también es posible vivir grandes aventuras lejos del mar.

Actividades: después de la lectura

La historia **ha tenido** un final feliz. **Rafael ha descubierto** nuevas experiencias en la ciudad. Ahora él tiene una fantástica y maravillosa aventura que **contará** a sus amigos después de las vacaciones. Él **dirá** también que **ha pasado** un buen verano.

1. Conocemos muy bien toda la aventura de esta historia: la exposición, los **ladrones**, los **perros**, los policías, el **mensaje secreto**,... ¿Sabes elegir ahora el mejor resumen?

A Rafael es un niño que desea ir al **mar** todos los veranos, pero sus padres siempre prefieren pasar las vacaciones en el pueblo. La ciudad y el pueblo son aburridos para él. Un día unos ladrones de perros roban un animal de una exposición canina. Los policías tienen éxito y rescatan a ese perro. Rafael, con un mensaje secreto, les ayuda a saber dónde hay más.

B Rafael es un chico que prefiere más la playa que la ciudad y el pueblo. Para él los lugares de costa son alegres. Él piensa que las ciudades y los pueblos son aburridos en verano. Un día dos personas roban algunos perros de una feria de animales, cerca de la casa de Rafael. La Policía tiene fortuna, pero no total. Rafael y sus padres descubren, con un mensaje secreto, dónde hay más animales.

C Un niño madrileño, Rafael, siempre tiene deseos de viajar a la playa. Para él las ciudades y los pueblos son aburridos en las vacaciones de verano, porque nunca suceden grandes aventuras. Un día unos ladrones roban un perro de una exposición canina. El perro se llama Grina. Rafael descubre, con un mensaje secreto, dónde tienen los ladrones a este perro.

El mejor resumen es...

☐ A ☐ B ☐ C

2. Los policías son importantes en esta historia. La madre de **Rafael** llama por teléfono a la comisaría para avisarles. Hablar bien por teléfono es muy conveniente. Aquí tienes una conversación telefónica entre dos personas, Virgilio y Maite. ¿Puedes ordenarla correctamente?

☐ – Vale. De acuerdo. ¿Y qué podemos hacer?

☐ – Hay una exposición de pintura argentina en la galería *Luces y sombras.* ¿Te apetece?

☐ – Es que no me va bien tan pronto. ¿Qué tal a las cinco?

☐ – ¡Ah! Muy bien. Es una buena idea. ¿Cómo quedamos?

1 – Oye, ¿nos vemos mañana?

7 – Vale. Entonces quedamos a las cinco.

☐ – No sé... ¿Te parece bien vernos a las cuatro en la puerta?

3. Y, finalmente, otro **mensaje secreto**. **Rafael supo** qué **decía** el del cuento. Y tú, ¿crees que puedes ahora completar el siguiente? Si miras con atención, **descubrirás** que el texto no tiene vocales. Para saber la solución solo tienes que escribir las vocales adecuadas en su lugar correspondiente.

R....f.... ....l ....s ....n n....ñ.... q.... ....

d....s.... ....r ....l m....r

t....d....s l....s v....r....n....s,

p....r.... s....s p....dr....s

s.... ....mpr.... pr....f.... ....r....n

p....s....r l....s v....c....c.... ....n....s

....n ....l p.... ....bl.....

El mensaje secreto.
Solucionario

Actividades:
antes de la lectura

1. LADRONES • MAR • MENSAJE • PERROS • SECRETO

2.

	V	F
ARENA	X	
BAÑADOR	X	
BARCO	X	
BORRADOR		X
CUADERNO		X
ESTUCHE DE LAPICEROS		X
LIBRO DE EJERCICIOS		X
PIZARRA		X
PLAYA	X	
TOALLA	X	

3. E S P O S I B L E V I V I R G R A N D E S A V E N T U R A S L E J O S D E L M A R

Actividades: con la lectura

1.

2. FRESA • LECHUGA • MANZANA • MELÓN • NARANJA

3.

Este mensaje no es un juego de palabras.
Es un mensaje muy difícil, un mensaje con mucho misterio.

4.

Érase una vez una hermosa y pequeña niña. Un día le regalaron una caperucita de color rojo. Le gustó tanto que desde ese momento la usaba todos los días. Y tanto la utilizaba que todo el mundo, hasta su madre y su abuelita, la empezaron a llamar Caperucita Roja.

Actividades: después de la lectura

1.

A. Rafael es un niño que desea ir al mar todos los veranos, pero sus padres siempre prefieren pasar las vacaciones en el pueblo. La ciudad y el pueblo son aburridos para él. Un día unos ladrones de perros roban un animal de una exposición canina. Los policías tienen éxito y rescatan a ese perro. Rafael, con un mensaje secreto, les ayuda a saber dónde hay más.

2.

1 – Oye, ¿nos vemos mañana?

2 – Vale. De acuerdo. ¿Y qué podemos hacer?

3 – Hay una exposición de pintura argentina en la galería *Luces y sombras*. ¿Te apetece?

4 – ¡Ah! Muy bien. Es una buena idea. ¿Cómo quedamos?

5 – No sé… ¿Te parece bien vernos a las cuatro en la puerta?

6 – Es que no me va bien tan pronto. ¿Qué tal a las cinco?

7 – Vale. Entonces quedamos a las cinco.

3.

Rafael es un niño que
desea ir al mar
todos los veranos,
pero sus padres
siempre prefieren
pasar las vacaciones
en el pueblo.

gominolas

Otros títulos disponibles

Gominola Roja:

El castillo alfabético. Pedro Tena

ISBN Lectura: 978-84-89756-68-7
ISBN Lectura con CD: 978-84-9848-332-1

Perla y Phuong (Una aventura asiática). Rosa Ortí

ISBN Lectura: 978-84-95986-81-8
ISBN Lectura con CD: 978-84-9848-333-8

S de safari (El safari de Dani). Francesc Lucio

ISBN Lectura: 978-84-95986-97-9
ISBN Lectura con CD: 978-84-9848-334-5

Gominola Naranja:

Aula mágica. Mercedes Ferrer y Paloma Frattasi

ISBN Lectura: 978-84-95986-30-6
ISBN Lectura con CD: 978-84-9848-335-2

Viaje al corazón de la selva. Raquel Llorente y Rubén Martínez

ISBN Lectura: 978-84-9848-149-5
ISBN Lectura con CD: 978-84-9848-336-9

Un viaje sorpresa. Ana María Henríquez

ISBN Lectura: 978-84-9848-085-6
ISBN Lectura con CD: 978-84-9848-337-6

Gominola Azul:

El mensaje secreto. Valentina de Antonio

ISBN Lectura: 978-84-95986-11-5
ISBN Lectura con CD: 978-84-9848-339-0

Aquí hay gato encerrado. Roser Noguera y Vijaya Venkataraman

ISBN Lectura: 978-84-95986-62-7
ISBN Lectura con CD: 978-84-9848-338-3

Gominola Verde:

El secreto de la pirámide. Alberto Madrona

ISBN Lectura: 978-84-95986-34-4
ISBN Lectura con CD: 978-84-9848-340-6

Carta en una botella. María Jesús Varela

ISBN Lectura: 978-84-9848-037-5
ISBN Lectura con CD: 978-84-9848-341-3

Claves de color para Gominola Azul:

Amarillo: estructura de variada índole narrativa (intriga, suspense, tensión...)
Azul: condicionales, futuros, pretérito pluscuamperfecto.
Rojo: palabras o estructuras del tema objeto de novelización.
Rosa fuerte: pasados de indicativo. Imperativo.
Verde: vocabulario complejo; expresiones coloquiales/frases hechas.